두 갈래 길

강 효 민 목사

새삶 전도협회

하나님은 당신을 사랑하십니다

예수님 안에 행복이 있습니다

_____ 님께

_____ 드림

_____ 년 _____ 월 _____ 일

두 갈래 길

잠언 14:12

"어떤 길은 사람이 보기에 바르나 필경은 사망의 길이니라"

마태복음 7:13-14

"좁은 문으로 들어가라 멸망으로 인도하는 문은 크고 그 길이 넓어 그리로 들어가는 자가 많고 생명으로 인도하는 문은 좁고 길이 협착하여 찾는 자가 적음이라"

로버트 프로스트(Robert Frost)의 시 중에 '가지 않은 길(The Road Not Taken)'이라는 유명한 시가 있습니다. 내용은 이렇습니다.

노란 숲속에 두 갈래 길이 있었습니다.
두 길을 다 갈 수 없는 것이 안타까워
오랫동안 서서 한 길을 최대한 멀리
덤불 속 꺾어지는 곳까지 바라보았습니다.

그러고는 똑같거나 어쩌면 더 나아보이는
다른 길을 선택했습니다.
그 길에 풀이 더 많았고
발길이 더 필요했기 때문입니다.

(중략)

세월이 흐르고 흐른 후 어디에선가
나는 한숨을 쉬며 말할 것입니다.
숲속에 두 갈래 길이 있었다고
그리고 나는 사람이 적게 간 길을 선택했다고
그리고 그것 때문에 모든 것이 달라졌다고.

이 시가 주는 교훈이 무엇일까요?

사람은 선택을 잘해야 한다는 것입니다. 어떤 선택을 하느냐에 따라 모든 것이 달라질 수 있기 때문입니다.

가장 중요한 선택

사람이 해야 할 선택 중에서 가장 중요한 선택은 무엇일까요?

그것은 종교의 선택이라 할 수 있습니다. 왜냐하면 종교의 선택은 이 땅에서 뿐 아니라 사후에까지 영향을 미치고, 사람의 영원한 운명을 좌우할 수 있기 때문입니다.

어떤 분은 "나는 종교에 관심이 없습니다. 나는 무신론주의자입니다"라고 할지 모르겠습니다. 그런데 무신론도 종교라는 것을 알고 계십니까?

왜 그런가 하면, 무신론은 증명할 수가 없습니다. 무신론을 증명하려면 여기에도 신이 없는 것을 증명해야 하고, 저기에도 신이 없는 것을 증명해야 하고, 한국·중국·미국⋯ 세계 모든 곳에 신이 없는 것을 증명해야 합니다. 지구에서 증명했으면 다른 우주 공간에도 신이 없는지 알아보아야 하고⋯. 그런데 그렇게 하는 것이 불가능한 일이지요. 그런데도 왜 사람들이 무신론을 신봉할까요? 그냥 그렇게 믿고 싶은 것입니다. 그러니 무신론이 신앙이요 종교가 아니고 무엇입니까!

두 갈래 길

잠언 14장 12절과 마태복음 7장 13-14절을 보면 모든 사람 앞에는 두 갈래 길이 있다고 말씀합니다. 하나는 사망의 길이고, 하나는 생명의 길입니다. 사망의 길을 선택하면 죽는 것이고, 생명의 길을 선택하면 사는 것입니다. 그런데 어느 길이 사망의 길이고 어느 길이 생명의 길인지 구분하기가 쉽지 않습니다. 그래서 잠언 14장 12절은 말하기를 "어떤 길은 사람이 보기에 바르나 필경은 사망의 길이니라"라고 한 것입니다. 그런데 불행하게도 많은 사람이 생명의 길이 아닌 사망의 길을 선택하고 있습니다. 이런 이유 때문에 예수님은 "좁은 문으로 들어가라. 멸망으로 인도하는 문은 크고 그 길이 넓어 그리로 들어가는 자가 많고 생명으로 인도하는 문은 좁고 길이 협착하여 찾는 자가 적음이라"(마태복음 7:13-14)고 하신 것입니다.

예수님께서 말씀하신 '좁은 문' '생명으로 인도하는 문'은 무엇을 뜻할까요?

그것은 예수님 믿는 것을 뜻합니다. 예수님은 "내가 곧 길이요 진리요 생명"(요한복음 14:6)이라 하셨고, "나는 부활이요 생명이니 나를 믿는 자는 죽어도 살 것"(요한복음 11:25)이라 하셨습니다. 그러므로 '생명으로 인도하는 문'은 예수님 믿는 것을 뜻합니다. 그런데 사람들이 예수님을 잘 안 믿지요. 그래서 예수님은 그것을 '좁은 문', '좁은 길'이라고 하신 것입니다.

사람이 살려면 예수님을 믿어야 합니다.

영원히 살고 싶은 마음

사람들은 죽는 것을 좋아하지 않습니다. 할 수만 있다면 영원히 살고 싶어 합니다. 그리고 죽어서는 '좋은 곳'에 가고 싶어 합니다. 동물은 그런 생각을 안 하는데 유독 사람만 그런 생각을 합니다. 동물이 그런 생각을 하는지 안 하는지 어떻게 아냐고요? 동물에게는 종교가 없는 것을 보면 알지요. 강아지가 "하나님, 나 오래 살게 해 주세요. 나 천국 가게 해 주세요!"라고 기도하는 것 보셨습니까? 못 보셨지요. 동물에게는 종교가 없습니다. 사람에게만 종교가 있는데 사람이 종교를 찾는 이유가 무엇인줄 아십니까? 사람에게는 영원히 살고 싶은 욕구, 죽어서 좋은 곳에 가고 싶은 욕구가 있기 때문입니다.

그런데 그것이 허황된 욕구일까요? 이루어질 수 없는 막연한 바람일까요? 그렇지 않습니다. 사람이 배고픔을 느끼는 것은 배고픔을 충족시켜줄 음식이 있기 때문이고, 성욕을 느끼는 것은 성욕을 채워줄 이성이 있기 때문인 것처럼 사람이 영원을 사모하고 신(神)을 찾는 것은 영원한 세상이 있고 신이 존재하기 때문입니다. 그래서 사람은 종교를 잘 선택해야 하는 것입니다. 어떤 종교를 선택하느냐에 따라 사람은 살 수도 있고, 죽을 수도 있습니다. 영원히 잘 될 수도 있고, 영원히 못 될 수도 있습니다.

그렇다면 어떤 종교를 선택하고 믿어야 할까요?

어떤 종교도 아니고 예수님을 믿어야 합니다. 예수님은 사람들에게 생명을 주시고 사람들을 구원하시기 위해 이 땅에 오신 분입니다. 예수님은 말씀하기를 "도둑이 오는 것은 도둑질하고 죽이고 멸망시키려는 것뿐이요 내가 온 것은 양으로 생명을 얻게 하고 더 풍성히 얻게 하려는 것이라"(요한복음 10:10) 하셨습니다. 또 "인자가 온 것은 잃어버린 자를 찾아 구원하려 함이니라"(누가복음 19:10) 하셨습니다.

그렇습니다. 사람이 '생명'을 얻고, '구원' 받을 수 있는 길은 예수님 믿는 길밖에 없습니다. '구원'이라는 말이 생소하게 들릴지 모르겠습니다. '구원'은 한 마디로 이 세상의 모든 종교가 추구하는 것이라 할 수 있습니다. 종교마다 표현은 달리 해도 이 세상 모든 종교의 목적은 결국 고통과 죽음으로부터 사람을 '구원'하는 것입니다.

고통과 죽음의 이유

사람에게 왜 고통이 있을까요?

사람에게 왜 죽음이 있는 것일까요?

그것은 죄 때문입니다. 사람이 대한민국 법을 어기면 벌금을 내든지 감옥에 가든지, 죄에 합당한 죗값을 치러야 합니다. 사람이 하나님의 법을 어겨도 죗값을 치러야 하는데 그것이 바로 고통이요, 죽음인 것입니다. 하나님은 거룩하신 분입니다. 죄에 대해서는 절대로 용납하실 수가 없는 분입니다. 그런데 사람들이 하나님 보시기에 얼마나 많은 죄를 짓고 살아가는지 모릅니다. 로마서 1장 28-31절에 사람들의 추악한 죄가 잘 나와 있습니다.

"또한 그들이 마음에 하나님 두기를 싫어하매 하나님께서 그들을 그 상실한 마음대로 내버려 두사 합당하지 못한 일을 하게 하셨으니 곧 모든 불의, 추악, 탐욕, 악의가 가득한 자요 시기, 살인, 분쟁, 사기, 악독이 가득한 자요 수군수군하는 자요 비방하는 자요 하나님께서 미워하시는 자요 능욕하는 자요 교만한 자요 자랑하는 자요 악을 도모하는 자요 부모를 거역하는 자요 우매한 자요 배약하는 자요 무정한 자요 무자비한 자라."

당신은 "여기에 나와 있는 내용들이 나와는 무관하다. 나는 죄인이 아니다"라고 할 수 있겠습니까? 그럴 수 없을 것입니다.

사람은 왜 이런 죄를 지으며 사는 것일까요?

그 이유는 "마음에 하나님 두기를 싫어"(28절)하기 때문입니다. 사람은 하나님을 떠나면 죄를 지을 수밖에 없습니다. 공산주의자들이 왜 그렇게 악한 줄 아십니까? 하나님이 안 계신다고 생각하니 무서울 것이 없기 때문입니다. 그래서 그들은 사람 목숨을 파리 목숨처럼 여깁니다.

설령 사람이 착하게 산다 해도 하나님을 떠나서 살고 있다면 그것 자체가 엄청난 죄인 것을 알아야 합니다. 부모가 멀쩡히 살아있는데 "나는 부모가 없어. 부모 같은 것에 관심 없어"라고 말하는 자식이 있다면 그 사람은 아무리 착하게 살고 아무리 사회적으로 성공했다 해도 나쁜 자식일 수밖에 없는 것처럼 하나님을 떠나 자기 마음대로 살아가는 사람이 그와 같습니다. 자기를 만드신 하나님을 부인하고, 등지고 살아가는 것은 사람의 도리가 아닙니다.

사람은 태어날 때부터 죄인으로 태어나, 살아가면서 얼마나 많은 죄를 짓는지 모릅니다. 그래서 사람에게 고통이 있고 죽음이 있는 것입니다. 성경은 "죄의 삯은 사망"(로마서 3:23a)이라 했고, "모든 사람이 죄를 지었으므로 사망이 모든 사람에게 이르렀다"(로마서 5:12b)고 말씀합니다.

그런데 죽음이 끝이 아닙니다. 죽음 뒤에는 심판이 있다고 말씀합니다(히브리서 9:27). 심판을 거쳐 영원한 불못에 던져진다고 성경은 말씀합니다.

"각 사람이 자기의 행위대로 심판을 받고 사망과 음부도 불못에 던져지니 이것은 둘째 사망 곧 불못이라"(요한계시록 20:13b-14).

사람은 죽는 것으로 모든 것이 끝나는 것이 아닙니다. 죽음 뒤에는 심판이 있고, 심판을 거쳐 영원한 불못에 던져진다는 것을 알아야 합니다.

하나님의 사랑과 은혜

그런데 하나님은 사람들이 멸망하는 것을 원치 않으십니다. 그래서 하나님께서 사람들의 죗값을 대신 지불하기 위해 인간의 몸을 입고 이 땅에 오셨는데 그분이 바로 예수님이십니다. 죄 없으신 예수님께서 십자가에 달려 흉악한 죄인의 모습으로 돌아가신 것은 저와 당신의 죗값을 대신 지불하기 위함이었습니다. 우리로 하여금 구원을 얻도록 하기 위함이었습니다. 요한복음 3장 16-17절이 그것을 잘 말씀하고 있습니다.

"하나님이 세상을 이처럼 사랑하사 독생자를 주셨으니 이는 그를 믿는 자마다 멸망하지 않고 영생을 얻게 하려 하심이라. 하나님이 그 아들을 세상에 보내신 것은 세상을 심판하려 하심이 아니요 그로 말미암아 세상이 구원을 받게 하려 하심이라."

그렇습니다. 예수님께서 이 땅에 오신 것은 사람들에게 영원한 생명을 주고 사람들을 영원한 멸망으로부터 구원하기 위함입니다. 그러므로 사람이 영생을 얻고 구원을 받으려면 예수님을 믿어야 하는 것입니다.

사도행전 4장 12절은 이렇게 말씀합니다. "다른 이로써는 구원을 받을 수 없나니 천하 사람 중에 구원을 받을 만한 다른 이름을 우리에게 주신 일이 없음이라."

공자나 석가는 훌륭한 분이고 위대한 스승일지는 몰라도 하나님께서 우리를 구원하기 위해 보낸 메시야는 아닙니다. 예수님만이 하나님께서 우리를 구원하기 위해 보낸 메시야, 구세주이

십니다.

어떤 분들은 이것을 기독교의 독선이라고 합니다. 이것은 기독교의 독선이 아니라 '하나님의 은혜'입니다. 고층건물에 불이 나서 꼼짝없이 죽어야 하는 사람들에게 소방관이 사다리차를 타고 올라와 "다른 곳으로는 나갈 수가 없습니다. 살려면 이것을 타고 내려가야 합니다. 이길 외에는 다른 길이 없습니다"라고 한다면 그것이 소방관의 독선일까요? 그것은 소방관의 독선이 아니라 소방관이 베풀어준 은혜입니다.

마찬가지로 하나님께서 예수님을 이 땅에 보내주시고 살 길을 주신 것은 전적으로 하나님의 은혜입니다. 성경은 이렇게 말합니다. "죄의 삯은 사망이요 하나님의 은사는 그리스도 예수 우리 주 안에 있는 영생이니라"(로마서 6:23). '은사'란 값없이 주는 선물을 뜻합니다.

하나님께서 값없이 선물을 주시면 어떻게 해야 할까요?

감사함으로 받아야 합니다. 하나님의 은혜를 경홀히 여겨서는 안 될 것입니다. 고린도후서 6장 1절은 이렇게 말합니다. "우리가 하나님과 함께 일하는 자로서 너희를 권하노니 하나님의 은혜를 헛되이 받지 말라."

하나님의 은혜를 헛되이 받지 않는 당신이 되기를 바랍니다. 고린도후서 6장 2b절은 또 이렇게 말합니다. "보라. 지금은 은혜 받을 만한 때요 보라 지금은 구원의 날이로다."

아직 예수님을 믿지 않고 있다면 오늘, 지금 예수님을 믿으시고 영원한 생명을 선물로 받으시기 바랍니다.

두 갈래 길이 있습니다. 한 길은 사망의 길이요, 한 길은 생명의 길입니다.

예레미야 21장 8절에서 하나님은 이렇게 말씀하십니다. "보라. 내가 너희 앞에 생명의 길과 사망의 길을 두었노라. 너는 이 백성에게 전하라." 하나님께서 '전하라' 하셔서 저도 당신에게 이 두 갈래 길에 대해 전합니다.

당신은 어떤 길을 선택하시겠습니까?

많은 사람이 사망의 길을 선택한다고 해서 당신도 그 길을 선택할 필요는 없습니다. 소수의 사람이 선택하는 길이라 해도 생명의 길을 선택하기 바랍니다.

상황의 힘

몇 년 전에 〈EBS 다큐 프라임〉이라는 프로에서 '인간의 두 얼굴'이라는 제목으로 몇 회에 걸쳐 방송을 한 적이 있습니다. 첫 회가 '상황의 힘'이었는데 거기에 보면 이런 실험이 나옵니다.

대학생 다섯 명을 한 방에 모아놓고 10분 동안 문제를 풀게 합니다. 감독자가 시험지를 나눠주고 밖으로 나가자 얼마 안 되어 방문 틈으로 연기가 들어옵니다. 제작진이 실험을 위해 들여보

내는 가짜 연기입니다. 다섯 명 중의 네 명은 연기를 보고도 아무렇지 않게 계속 문제를 풀라는 지시를 이미 받은 상태이고, 한 명은 아무것도 모른 채 문제를 풀다가 연기를 보게 됩니다.

연기를 본 그는 과연 어떤 행동을 할까요? 위험을 감지하고 무슨 일인지 알아보려고 밖으로 나갈까요, 아니면 다른 학생들처럼 계속 문제를 풀까요?

연기를 보자 그 학생은 무슨 일인가 싶어 의아하게 생각하며 다른 학생들의 반응을 살핍니다. 그런데 다른 학생들이 아무런 반응을 보이지 않고 문제 푸는 것에 집중하자 자기도 곧 문제 푸는 것에 집중했고, 방안에 연기가 가득차고 10분이 다 될 때까지 그 학생은 방을 나가지 않았습니다. 몇 사람을 대상으로 실험해 봐도 결과는 같았습니다.

그런데 한 사람만 방에 두고 실험을 했을 때는 다른 결과가 나왔습니다. 문틈으로 연기가 들어오자 혼자 방안에서 문제를 풀던 학생은 무슨 일인지 알아보려고 바로 밖으로 나왔습니다. 몇 사람을 대상으로 실험해 봐도 결과가 같았습니다.

왜 사람은 혼자 있을 때는 바른 판단을 하다가도 여러 사람과 함께 있을 때는 바른 판단을 못하는 것일까요? 그것이 바로 '상황의 힘' 때문이라는 것입니다. 사람은 상황의 지배를 받는 존재임을 그 실험은 잘 보여주고 있었습니다.

이런 상황의 힘을 저는 지난 주간에 직접 체험했습니다. 최근에 새 아파트로 입주한 한 자매님의 초대를 받고 부목사님들 부부와 간사님들과 함께 아파트를 찾아 갔습니다. 그런데 아파트 입구에서 아무리 번호를 눌러도 집안으로 연락이 되지를 않는 것입니다. 할 수 없어 전화를 걸어 자매님을 나오시게 했는데 웬걸, 자매님이 옆 라인 입구에서 나오는 것이 아닙니까! 자매님의 집은 208호인데 우리는 그 옆 라인 입구(6, 7호 라인)에서 번호를 누르고 있었던 것입니다. 여러 사람이 함께 가다보니 서로 의지하면서 함께 엉뚱한 곳으로 간 것입니다. 만약 저나 다른 사람이 혼자 찾아갔다면 그런 실수를 하지 않았을 것입니다. 이런 것이 '상황의 힘'입니다. 여러 사람이 함께 있다 보면 서로 의지하게 되고, 그러다보면 함께 실수하는 것입니다.

2003년도에 일어난 대구 지하철 화재사건(192명 사망)이나 이번에 일어난 세월호 침몰사건도 그와 같은 심리가 작용해서 더 큰 피해로 이어졌다 해도 틀린 말이 아닙니다. 많은 사람과 함께 있다 보니 열차 안으로 연기가 들어오고, 배가 기울어가도 '다른 사람들도 가만히 있는 것을 보니 괜찮을 거야'라는 생각을 했고, 그러다가 수많은 사람이 함께 목숨을 잃은 것입니다.

만일 화재가 난 지하철 안에 또는 가라앉는 세월호 안에 혼자 있었다면 어떻게 되었을까요? 열차가 곧 떠난다는 방송이 있었어도, 움직이면 더 위험하니 객실에 가만히 있으라는 방송이 있었어도 '이건 아닌데…'라는 생각을 하며 살길을 찾았을 것입니다. 그런데 다른 사람들과 함께 있다 보니 다른 사람들의 행동에 영향을 받게 되고, '모든 사람들이 다 여기에 있는데 설마 무슨 일이 일어나겠어?' 라고 생각하다가 결국은 돌이킬 수 없는 참사로 이어진 것입니다. 생각하면 할수록 안타깝습니다.

사람들의 이런 심리는 자기의 목숨을 잃게 할 뿐 아니라 자기를 영원히 멸망하게 할 수도 있다는 것을 우리는 알아야 합니다. 그래서 예수님은 "좁은 문으로 들어가라" 하신 것입니다. "찾는 사람이 많지 않아도, 생명으로 인도하는 문이 좁아도 그리로 들어가라" 하신 것입니다.

다른 사람들이 예수님을 믿지 않는다고 해서 당신까지 예수님을 믿지 않을 필요는 없습니다. 아니, 다른 사람들이 예수님을 믿지 않아도 당신은 예수님을 믿어야 합니다. 그것이 생명의 길이고, 그것이 사는 길이기 때문입니다.

천국과 지옥은 누가 지어낸 이야기가 아닙니다. 천국과 지옥은 실재하는 곳입니다. 그것을 어떻게 알 수 있냐고요? 성경이 그것을 말하고 있기 때문입니다. 성경은 하나님의 감동으로 기록된 하나님의 말씀입니다. 그렇지 않고서야 어떻게 1,500년에 걸쳐 40여명의 사람들이 기록한 책에 오류나 모순이 없을 수 있겠습니까! 저는 지금까지 수없이 성경을 읽었지만 성경에서 어떠한 오류나 모순을 발견하지 못했습니다. 성경에 기록된 내용은 모든 것이 다 사실로 드러났고, 지금도 이 세상은 성경이 말한 대로 되어가고 있습니다. 그렇다면 천국과 지옥에 대한 말씀도 믿어야 하는 것 아니겠습니까?

언제라도 틀릴 수 있는 당신의 느낌이나 생각, 논리를 따르기보다 지금까지 한 번도 틀린 적이 없는 하나님의 말씀을 믿고 따르기 바랍니다.

한 법학 교수님이 계셨습니다. 이 분은 매년 들어오는 신입생들에게 늘 같은 질문하는 것을 좋아했습니다. 질문의 내용은 이렇습니다.

어떤 남자가 있었습니다. 이 사람은 성격이 아주 고약했습니다. 때로는 잔혹할 정도였습니다. 어떤 보고에 의하면 이 사람은 술을 많이 마셨고, 가장으로서 형편없었으며 일도 꾸준히 하지를 못했습니다.

그의 아내는 건강이 좋지 못했습니다. 그녀는 결국 폐결핵으로 죽고 맙니다. 그녀에게서 일곱 명의 자녀가 태어나는데 세 명만 살아남았습니다. 그 당시에는 아이들의 사망률이 굉장히 높아서 다섯 명이 태어나면 세 명이 죽었습니다. 질병도 많아서 장티푸스, 디프테리아, 천연두, 매독 등 온갖 병이 창궐했습니다.

그런데 그의 아내가 임신을 했습니다. 첫 아이를 낳은 지 6일만에 잃어버리고 2년이 안되어 또 임신을 한 것입니다. 이런 상황 속에서 이 부부는 어떤 결정을 내려야 할까요? 이것이 법학 교수님의 질문입니다.

교수님의 질문에 학생들의 머리가 **빠르게** 회전합니다. 아내의 안 좋은 건강상태, 아이들의 높은 사망률, 좋지 않은 가정형편 등을 고려하여 학생들이 결정을 내리는 데는 그리 오랜 시간이 걸리지 않았습니다. 대부분의 학생들은 "이런 상황이라면 당연히 낙태해야 합니다"라고 대답했습니다. 그때 교수님은 학생들을 바라보며 이렇게 말했습니다. "학생 여러분! 여러분은 방금 베토벤을 죽였습니다."

사람의 생각과 판단은 언제라도 틀릴 수 있습니다. 머리가 좋고 영리한 사람이라 해도 틀릴 수 있습니다. 그런데 문제는 나의 잘못된 생각과 판단이 나를 죽일 수도 있고, 나를 지옥에 보낼 수도 있다는 것입니다. 혹시 당신은 당신의 잘못된 생각과 판단으로 사망의 길을 가고 있는 것은 아닙니까?

생명의 길과 사망의 길, 두 길 중에서 당신은 지금 어떤 길을 걷고 있습니까?

어떤 길을 선택하시겠습니까?

당신의 느낌이나 생각을 의지하지 마시고 영원불변의 진리인 하나님의 말씀을 의지하여 바른 판단을 내리시기 바랍니다. 다른 사람들이 어떻게 하고 있는지 살필 필요도 없습니다. 다른 사람들이 사망의 길을 간다고 당신까지 그 길을 갈 필요는 없습니다.

오늘, 지금 이 순간 생명의 길을 선택하기 바랍니다. 생명의 길 되시는 예수님을 선택하심으로 구원받고 영원한 천국의 소망을 가지고 사십시오.

생명의 길 되시는 예수님을 선택하심으로 구원받고 영원한 천국의 소망을 가지고 살기 원한다면 지금 이렇게 기도하십시오.

"하나님, 저는 죄인입니다. 지금까지 저는 하나님을 떠나 살았습니다. 예수님께서 저를 위해 돌아가신 것도 몰랐습니다. 이제 예수님께서 저의 죄를 위해 돌아가신 것과 3일 만에 다시 살아나신 것을 믿습니다. 저를 구원해 주시고, 하나님의 자녀로 삼아주십시오. 예수님의 이름으로 기도합니다. 아멘!"

이 기도를 마음으로부터 하셨다면 당신은 구원받았습니다(로마서 10:9-10). 이제부터 당신은 하나님의 자녀입니다(요한복음 1:12). 영생을 얻었고 천국에 갈 수 있습니다(요한복음 5:24, 14:1-3).

어린 아이가 자라려면 음식과 돌봄이 필요하듯 당신도 영적인 음식과 돌봄이 필요합니다. 성경적인 교회를 찾아 당신의 교회로 정하시고 믿음생활을 하시기 바랍니다.

당신의 삶에 하나님의 인도하심과 보호하심이 있기를 기도합니다.

강 효 민 목사

미국 바이올라대학교의 탈봇신학대학원에서 공부하였으며(목회학 석사 · 박사),
현재 중곡동에 있는 새삶침례교회(www.newlifebc.or.kr) 담임목사로 섬기고
있다. 저서로는 「말하지 아니할 수 없습니다」(전도 칼럼집) · 「복음의 능력」(로마
서 강해설교) · 「요한계시록이 보인다」(요한계시록 강해설교) · 「성령이 임하시면」
(사도행전 강해설교) 등이 있고, 전도용 소책자로 「베데스다의 기적」 · 「그 후에
는」 · 「행복을 찾아서」 · 「두 갈래 길」이 있다.

두 갈래 길

지 은 이 | 강 효 민
펴 낸 날 | 2014년 6월 21일
펴 낸 곳 | 새삶전도협회
　　　　　 www.nleva.org
　　　　　 서울시 광진구 능동로 314
　　　　　 (02) 458-0691

출판등록 | 제25100-2007-26호
ISBN 978-89-6961-006-5